Crédito documentario

Guía para el éxito en su gestión

Cristina Peña Andrés

Amelia de Andrés Leal

Con la colaboración de:

www.logisnet.com

Índice

Introducción

Después de más de diez años trabajando en el ámbito del comercio internacional, los créditos documentarios siguen siendo nuestro quebradero de cabeza en las operaciones internacionales de alto riesgo. Los hemos sufrido y los hemos luchado, pero han resultado una garantía de pago eficaz a fuerza de no fallar y de mantener una relación de confianza con nuestros clientes.

Confianza significa poder negociar borradores de contratos, saber que las discrepancias van a ser resueltas en destino sin problema, no necesitar de terceras partes para la emisión de documentos o no hacer depender un certificado de la aceptación final del cliente. Es decir, cuando hay confianza, los créditos documentarios deben ser de lectura fácil, ágiles en su preparación y claros en su clausulado y en su proceso.

Cuando hay desconfianza, la carta de crédito va maleada de la misma manera que la relación comercial, por lo que hay que ser rigurosos y tener pies de plomo, pues será inevitable correr riesgos.

La empatía es necesaria para entender cómo funcionan las relaciones profesionales. Del mismo modo que el cliente desconfía del proveedor, lo hace el proveedor del cliente. Ambos tienen el mismo miedo, pero también la misma necesidad de mantener una relación comercial. Esta necesidad es el gran motor que mueve el crédito documentario y, en definitiva, la economía mundial.

En este libro deseamos mostrar de manera estructurada los pasos necesarios para llevar a buen fin el crédito documentario, pero de una manera que sirva de aprendizaje para los profesionales que en su quehacer diario se ocupan de gestionar los aspectos económicos y financieros de las operaciones de comercio internacional. Por este motivo, nos hemos atrevido a incluir nuestras pequeñas aventuras y algunos comentarios a continuación de cada apartado. Algunas de las experiencias nos han desesperado o nos han aleccionado, otras nos han hecho fuertes y resolutivas y aún otras nos han graduado y nos han abierto los ojos a nuevas posibilidades. Pero por todas ellas hemos pasado y son nuestras vivencias profesionales.

Ante el desafío de que cada crédito documentario fuera una losa o un reto, optamos por hacer de ellos un desafío diario. Con ese compromiso, nos hemos formado, hemos involucrado a muchos actores con nosotras y, tras estos años de experiencias, hemos decidido compartirlas con otros profesionales de las relaciones internacionales.

Si nosotras hemos podido, vosotros también.

1 ¿Qué es el crédito documentario?

El crédito documentario, también conocido habitualmente como carta de crédito *(letter of credit* o L/C), es un medio de pago para operaciones de comercio internacional que, a su vez, funciona como mecanismo de financiación y como instrumento de garantía.

Se trata de una orden que la empresa compradora/importadora da a su banco para que proceda al pago del valor de una operación de compraventa internacional de mercancías, en el momento en que el banco de la empresa vendedora/exportadora le presente la documentación que acredite la entrega o el envío de la mercancía según las condiciones convenidas en el contrato de compraventa.

Fundamentalmente, el pago mediante crédito documentario sigue el siguiente proceso:

- **Apertura del crédito:** la empresa importadora da instrucciones a su banco para abrir un crédito documentario (por ello, a este banco se le denomina banco emisor) y se lo comunica a la empresa exportadora, indicándole la documentación que debe remitir a la entidad bancaria.

- **Envío de la mercancía:** la empresa exportadora procede a la entrega de la mercancía en el lugar convenido o a su envío hacia el destino indicado por la importadora según condiciones que ambas hayan pactado.

- **Envío de la documentación a través del banco:** la empresa exportadora, a través de su banco (banco confirmador), remite al banco de la importadora la documentación acreditativa de que la mercancía ha sido enviada o entregada de acuerdo con las condiciones acordadas.

- **Revisión documental:** el banco de la empresa importadora recibe esta documentación y comprueba que todo esté en regla.

- **Pago:** el banco de la empresa importadora paga solo si la documentación recibida está en regla, con independencia de que en ese momento dicha empresa tenga saldo disponible o no en su cuenta. Es decir, el banco emisor garantiza la operación.

La documentación debe ser muy precisa e incluir todos los documentos que se han especificado en el crédito documentario. No puede haber ningún tipo de error, ni de fondo ni de forma. La existencia de cualquier fallo puede llevar a que el banco emisor no proceda al pago, a la espera de que los errores —conocidos como discrepancias— sean subsanados.

El crédito documentario es **un acuerdo irrevocable** que supone un compromiso en firme del banco emisor de honrar una presentación documental conforme (pagando a la vista, en diferido o aceptando un giro librado), por lo que es especialmente recomendado para operaciones internacionales debido a sus características esenciales:

- Irrevocabilidad.
- Independencia.
- Carácter documentario.
- Examen según conformidad aparente.
- Regulación por normas de la Cámara de Comercio Internacional (CCI).

El crédito documentario es, por lo tanto, el medio de pago que ofrece un mayor nivel de seguridad en las compraventas internacionales, asegurando al exportador el cobro de su operación y al importador el cumplimiento de las condiciones de entrega deseadas.

2 Las cinco habilidades para la gestión del crédito documentario

Cuántas veces nos hemos enfrentado a un crédito documentario en nuestro día a día y cuántas veces nos hemos dicho: «Esto es imposible. No voy a ser capaz de conseguir todos los documentos, ni en plazo ni en forma». Y aquí comienza el reto personal de llegar a todo y de hacerlo todo bien.

Para cumplir con el condicionado que exige el crédito documentario hay que presentar los documentos requeridos, pero para cumplir correctamente esta misión, es necesario poseer principalmente cinco cualidades que quizá no todas las personas aplican en su práctica diaria. Por eso, con nuestra experiencia, podemos decir que es imprescindible tener la capacidad de ser:

- **Globales**

  Inicialmente, se deben analizar los documentos **con una perspectiva panorámica**. Con ello, podemos hacernos una idea global que nos permitirá saber qué es lo que sí y lo qué no hemos de incluir en cada documento solicitado en el condicionado, descartando lo que no podemos cumplir.

- **Organizados**

  Una vez recibido el condicionado del crédito ya revisado y «limpio», nada mejor que afrontar este reto con **organización personal**. Esta actitud ayudará a crear poco a poco los documentos y a ir intercalando esta actividad con otros trabajos diarios que con seguridad nos acuciarán.

- **Meticulosos**

  La documentación requerida en el crédito depende también de nuestra **meticulosidad**. Debemos leer concienzudamente el condicionado, relacionar los diferentes apartados del mismo y copiar hasta el mínimo detalle del texto requerido en cada documento.

- **Transparentes**

  Hemos de actuar con **transparencia**, claridad y precisión en las órdenes que se han de dar a los proveedores de transporte, de inspección, etc., quienes han de cumplimentar a la perfección los documentos que se solicitan en el crédito documentario.

- **Rigurosos**

  Tenemos que proceder con **rigor**, porque muchos de los documentos no dependen de nosotros, de modo que nuestra mediación e insistencia para conseguir la perfección serán factores importantes.

3 Los cinco beneficios del crédito documentario

Es habitual acordar con un cliente que el pago de una compraventa se realice mediante un crédito documentario. Suele ocurrir con empresas compradoras con las que no existe una relación continuada o con aquellas ubicadas en países de alto riesgo y que la mayoría de compañías aseguradoras no cubren, o simplemente cuando se trata de primeras operaciones con el cliente. A veces, incluso por interés propio de la transacción o para conseguir una financiación.

Obviamente, todas las empresas proveedoras querrían cobrar por transferencia bancaria según reciben el pedido del cliente, antes de realizar ninguna entrega, ni tener coste alguno. Lamentablemente, lo usual es no disponer de tal poder negociador, ni parece que pueda ser sostenible que en un mercado global no se repartan los riesgos entre la exportadora y la importadora de manera equilibrada, mediante fórmulas que permitan ganar a ambas partes.

A pesar del elevado coste que significan las comisiones financieras que se deberán satisfacer y del trámite documental necesario, a veces farragoso y delicado de lidiar, el crédito documentario genera para la empresa exportadora los cinco principales beneficios que exponemos a continuación:

- **Garantía de cobro**

  Existirá **garantía de cobro del banco emisor** si se cumple en forma y plazo con la documentación solicitada, independientemente de que el cliente tenga o no intención de pago y disponga o no de fondos en el momento de vencimiento del crédito. De este modo, la empresa proveedora se desliga de la posible insolvencia de la compradora.

  Será responsabilidad del banco asegurar su propio cobro al cliente, bloqueándole fondos, disponiendo de líneas de crédito suficientemente avaladas o como buenamente estime. Pero ajeno a esto, el banco emisor está obligado a honrar el crédito de manera irrevocable ante una presentación conforme.

- **Evitar el riesgo país**

  Si se procede a confirmar el crédito documentario a través de un banco que ofrezca garantías en el país exportador, se evita el riesgo país (posibles *corralitos*, guerras, cambios políticos o cualquier acontecimiento que impida que el banco emisor no pueda pagar, aunque quiera, porque el Estado le impida sacar divisas del país).

- **Financiación**

  La financiación procede de entidades bancarias basada en el crédito documentario recibido, gracias a la solvencia del banco confirmador.

- **Descontar**

  Si el vencimiento del crédito documentario no es a la vista, existe la opción de **descontar** o *forfaiting*.

  El *forfaiting* es una modalidad de financiación de exportaciones. Consiste en la compra sin recurso, por parte de una entidad financiera, de los derechos de cobro de una serie de efectos mercantiles que la empresa exportadora recibe para instrumentar el pago diferido de operaciones comerciales de compra/venta. Permite liquidez inmediata sin que repercuta en la capacidad crediticia de la exportadora y, una vez aprobada la operación, la entidad financiera abona inmediatamente el importe sin ocupar sus líneas de crédito en la modalidad de descuento sin recurso, eliminando los riesgos de cambio y de impago, y la carga financiera en balance.

- **Transferencia de crédito**

  En operaciones triangulares o de *cross trade*, la empresa proveedora puede **transferir el crédito** emitido por orden del cliente a favor de su proveedor secundario, evitando líneas de financiación adicionales y ligando directamente el compromiso de pago del cliente a dicho proveedor. En caso de que no sea posible esta transferencia, se puede hacer uso de diferentes tipologías financieras, como los créditos respaldados o *back to back*, donde en función de un crédito ya emitido se emite otro con el primero a modo de garantía.

4 Los cinco pasos para la gestión del crédito documentario

Aunque puede parecer un proceso largo y, en ocasiones, algo tedioso, la gestión del crédito documentario se resume, en realidad, en cinco pasos clave.

4.1 Emisión del crédito documentario

Se inicia cuando el cliente da la orden a su banco para que emita un crédito documentario a favor de la empresa proveedora, sobre la base de una oferta formalizada previamente en una factura proforma que ésta emite. Esta factura debe reflejar con el mayor detalle posible el acuerdo o contrato establecido con la empresa importadora.

En dicha factura proforma se debe:

- Describir con precisión los bienes, de manera unívoca, y su código aduanero.
- Detallar las condiciones de entrega de acuerdo con la regla Incoterms que se halla acordado para la operación.
- Establecer precios unitarios e importes totales.

- Referir con detalle las cantidades que se han de suministrar para cada producto (en unidades físicas o de medida) y, si fuera necesario, sus calidades respectivas.
- Establecer una fecha y lugar de carga precisos.
- Si se conoce, indicar el volumen y peso totales de la mercancía.
- Incluir las condiciones de pago, haciendo mención o indicando la limitación de garantía que se ofrezca, el período de validez de la factura, las condiciones generales de venta y suministro, así como al arbitraje al que las partes se someten.

4.2 Revisión y negociación del borrador

El banco emisor en el país de origen del crédito, el del cliente, busca un banco en el país de destino, el de la empresa proveedora, para que simplemente le notifique dicho crédito documentario.

Al recibir esta notificación, normalmente anterior al SWIFT (código de identificación bancaria utilizado para facilitar las transferencias internacionales de dinero y gestionado por la Society for World Wide Interbank Financial Telecommunication, [SWIFT]), es habitual que la entidad financiera facilite un borrador por si se quisieran hacer alegaciones y puntualizar algún aspecto.

Es conveniente aprovechar esta ocasión para realizar una **revisión detallada del clausulado**, así como para expresar todas las observaciones sobre aquellos aspectos que entren en conflicto con las expectativas existentes.

Esta recepción del borrador es un paso fundamental para prevenir incidencias futuras. Somos un elemento activo en este proceso de creación del condicionado del crédito. Por eso, hemos de vencer la vorágine del día a día y lograr dedicar el tiempo necesario para analizarlo con detalle.

La recepción de todo nuevo crédito documentario puede alterarnos en cierta medida, pues nos adentra en un laberinto desconocido de requisitos. No obstante, una revisión correcta debería ser suficiente para verlos con nitidez. Para ello, el estudio de todo nuevo condicionado ha de seguir **cierto orden**.

En primer lugar, se debe analizar el texto de manera **general** (como ya vimos al hablar de nuestras habilidades), examinando fechas, descripción de la mercancía, importes, definición de ordenante y beneficiario, etc.

Después, pasaremos a un estudio **específico** de las cláusulas, los documentos solicitados, etc., poniendo especial atención al apartado 47, denominado **Condiciones adicionales**, en donde es posible encontrar diferentes requerimientos, como la necesidad de legalizar determinados documentos e idioma de los mismos, las indicaciones sobre el etiquetado de los bultos *(shipping marks)* o textos que se deban incluir en los documentos de transporte, entre otros.

A continuación, es necesario poner suma atención en:

- **Comprobar que el crédito es irrevocable**
  Esto significa que no puede ser modificado sin el acuerdo de todas las partes involucradas. De hecho, desde 2007, con la aplicación de las Reglas y usos uniformes relativas a los créditos documentarios o UCP (Uniform customs and practice for documentary credits), todos los créditos son irrevocables.

- **La fecha y el lugar de vencimiento**
  Siempre tendrá que ser, lógicamente, posterior a la fecha de embarque de la mercancía y relacionada con la fecha de presentación de documentos (21 días tras la fecha del conocimiento de embarque *[bill of lading* o B/L] o fecha de embarque, por defecto, si no se especifica expresamente un plazo diferente).

- **La descripción de las empresas**
  La denominación de las empresas ordenante y beneficiaria han de figurar correctamente escritas, así como todos sus datos de localización (dirección completa, teléfono, correo electrónico, etc.).

» Cuántas veces el nombre de nuestra empresa ha aparecido escrito de manera incorrecta y lo hemos resaltado como comentario para que se revise y corrija. Aun así, cuando la corrección no se ha podido llevar a cabo a tiempo, nos hemos visto en situaciones en las que la solución ha sido repetir tal cual el error, de modo que, copiándolo, los documentos han ido correctos desde el punto de vista del crédito, pero incorrectos según la realidad, pues aquélla no era nuestra dirección o nuestro nombre.

» En un condicionado figuraba como domicilio nuestro la palabra *estraction* por «estación» y así quedó plasmado en los documentos finales; o incluso llegó a figurar nuestro nombre con «i» latina en vez de con «y» griega.

» La palabra incorrecta Guadelagara, en lugar de Guadalajara, tuvo que aparecer en todos los documentos porque así estaba escrita en la descripción del clausulado.

» Si en el condicionado se solicita enviar por fax o correo electrónico, un documento al ordenante, banco, etc., con información relativa al embarque de la mercancía, es necesario comprobar que en algún lugar del condicionado figure esa información y que no tenga erratas. Incluso debemos hacer una comprobación real de dichos datos, pues nos ha ocurrido que en la fecha crítica hemos querido enviar el fax o el correo electrónico y no era posible hacerlo con los datos recibidos.

» Nos hemos encontrado en alguna ocasión con que la dirección del ordenante no era la correcta. Algo de lo que nos hemos enterado cuando la naviera ha recibido los datos para el conocimiento de embarque y nos ha avisado que no podían hacer el despacho porque los datos eran erróneos.

- **El importe y la moneda**
Ambos han de ser contrastados e idénticos a los pactados con el cliente. Además, hay que comprobar que la forma de pago es la consensuada.

- **Los embarques parciales**
Hay que revisar si se contempla la posibilidad de realizar embarques parciales o si, por el contrario, toda la mercancía objeto de transacción debe formar parte de una sola expedición.

» Nos ha ocurrido en alguna ocasión que ha sido posible ir liberando mercancía (y cobros, claro)

embarcando parte del total de una operación. Esto
ha supuesto que debamos presentar documentos
de transporte para cada embarque, así como repetir legalizaciones, documentos y certificados,
pero este sobreesfuerzo se ha compensado por el
adelanto de tesorería que ha supuesto.

- **Los lugares de carga o descarga**
  Es importante que sean claros y precisos: nombre
  del puerto, dirección exacta de entrega, etc.

» En ocasiones existe un exceso de definición,
como ocurrió una vez en que el condicionado
describía una zona concreta en el puerto de descarga, pues las navieras son reticentes a plasmar
ese tipo de dato en el conocimiento de embarque. Si el puerto está claro, no es necesario que
se defina esa zona de descarga. Toda descripción adicional puede suponer presionar durante
un tiempo a la empresa transitaria para que, a
su vez, presione a la naviera para que incluya
el texto completo. En cierta ocasión, en un condicionado nos encontramos con la zona de recepción y entrega de contenedores o *container yard*
dentro del puerto de destino. Nos costó mucho
que nuestra transitaria convenciese a la naviera
para que apareciera esa ubicación como puerto
de destino.

- **La fecha última de embarque**

  Esta fecha, que debe ser conocida por todos los departamentos de la empresa exportadora, es clave porque va a condicionar el proceso de producción, la fecha de carga fijada con la empresa transitaria, la fecha de cierre en el puerto para embarcar en el buque elegido y las fechas de los documentos. Por eso es tan importante tener cla-

transitaria

Empresa operadora de transportes especializada en la organización y gestión, por encargo de la empresa cargadora, de la cadena de transporte internacional de mercancías (o de parte de ella) en cualquiera de sus modos (aéreo, carretera, ferrocarril y marítimo).

Para su labor, subcontrata o realiza con medios y recursos propios todas las operaciones que ello conlleva: transporte físico de las mercancías, operaciones aduaneras, embalajes, consolidación y desconsolidación de cargas, almacenajes, seguros, trámites bancarios y documentarios, etc.

La actividad de la empresa transitaria, que comercializa y coordina todo tipo de transporte, se centra especialmente en el transporte en régimen de grupaje, además de ofrecer una amplia gama de servicios logísticos.

 Crédito documentario. Guía para el éxito en su gestión

ro que se alcanza a embarcar la mercancía sin problemas, acabada y en perfectas condiciones, en la fecha que señala el condicionado.

》 Alguna vez alguien ha confundido la fecha última de embarque en puerto con la fecha última de carga en nuestras instalaciones. Nuestra fábrica ha de contar siempre con la información de qué día es el último que tiene para cargar en las instalaciones de la empresa en función de la fecha última de embarque y de la fecha última de cierre de puerto o *closing port date*. Solo así se puede planificar la preparación de las cargas de manera adecuada. Es un aspecto clave para conseguir el fin: servir la mercancía y cobrarla.

- **La descripción de la mercancía**
  Este apartado ha de contemplar clara y sencillamente lo que se ha pactado servir al cliente y la regla Incoterms elegida.

》 Nos encontramos en ocasiones con descripciones de mercancías excesivamente extensas y farragosas, con un gran número de datos numéricos y alfanuméricos; con separaciones con guiones, puntos y comas, alusiones a números de planos de ingeniería difíciles de copiar correctamente al primer intento, tanto en la factura como en el conocimiento de embarque. Y como la naviera ha de reproducir letra a letra y número a número la descripción de la mercancía, este hecho supone retrasar la emisión de los originales, pues los fallos se suceden. Cuanto más simple sea la especificación, más sencilla es la elaboración de los documentos propios y los que tendremos que recibir de otras entidades.

- **La documentación requerida**
  El conjunto básico suele ser factura, lista de embarque, certificado de origen, certificado de envío de copias al ordenante y un documento de transporte, bien una carta de porte CMR, si se trata de un transporte terrestre, un conocimiento de embarque marítimo (B/L), si la mercancía viaja por mar, o un conocimiento de embarque aéreo (*air waybill* o AWB).

  » Por supuesto, nos hemos encontrado con requerimientos de otro tipo de documentos, como inspecciones previas al embarque o *pre-shipment inspection*, letras emitidas en inglés, traducciones juradas, legalizaciones en embajadas o en el Ministerio de Asuntos Exteriores, documentos propios de la aduana de otro país (por ejemplo Madagascar), por citar algunos. Este hecho merece una mención aparte y lo veremos más adelante.

» Como siempre, el consejo es que solo demos por buenos en la revisión aquellos documentos que tengamos la certeza de que seremos capaces de conseguir y presentar en el plazo requerido.

conocimiento de embarque marítimo

Es el documento mediante el que se instrumenta y formaliza el contrato de transporte marítimo de mercancías, equivalente a la carta de porte en el transporte terrestre.

El conocimiento de embarque, que expide, firma y sella la compañía porteadora o su representante, cumple las funciones siguientes:

- Constituye el contrato de transporte entre el fletador y el fletante.
- Es un título con valor que representa la posesión de las mercancías embarcadas en una línea regular.
- Acredita la recepción de las mercancías o que estas han sido cargadas en el medio de transporte, con destino al punto final que se declara, es una prueba del estado de las mismas y permite a su tenedor disponer de ellas durante el viaje.
- Permite al tenedor reclamar la entrega de la mercancía.
- Es un documento transferible y negociable cuando se extiende a la orden o al portador, y no lo es cuando se extiende nominativo.

Tras revisar el condicionado con detenimiento, se deben remitir las observaciones al departamento financiero, comercial o de exportaciones que esté negociando con el cliente. Sólo queda esperar a que atiendan nuestras súplicas para que podamos recibir el crédito definitivo con los filtros incluidos. Todo dependerá del poder de negociación que se posea con el cliente y del tipo de asesoramiento que el banco emisor dé a este. Esta **negociación** es la que permitirá que podamos cumplir la totalidad del crédito en forma y plazo.

Por otro lado, se debe solicitar a nuestro banco que añada al crédito su **confirmación**, lo que aportará una garantía extra frente a riesgos banco/país.

conocimiento de embarque aéreo

Documento que emite la compañía aérea mediante el que se formaliza el contrato de transporte aéreo de mercancías. Es un acuse de recibo de las condiciones en que se ha recibido la mercancía para su transporte y una guía de instrucciones para el transportista. Se identifica con las siglas AWB *(air waybill)*. Está reglamentado por la IATA (Asociación de Transporte Aéreo Internacional), es nominativo, no es negociable ni confiere la titularidad de la mercancía y se regula por el Convenio de Varsovia de 1929.

El paquete documental requerido en el condicionado del crédito consta de varios documentos que pueden ser emitidos por la propia empresa exportadora o por terceras compañías ajenas a ella. Para poder cobrar, se debe tener a tiempo la mercancía que se va a exportar y los documentos que acompañan a la operación. En realidad, la venta a un mercado exterior incluye tanto el producto como la documentación que lo acompaña.

Entre los **documentos propios**, los que se confeccionan habitualmente son:

- **Factura**

  Se emite generalmente a nombre de la empresa ordenante y en ella se explicitan los datos que solicita el condicionado del crédito documentario.

  Entre estos datos destacan: el valor final de la factura, que en ocasiones se tiene que desglosar en conceptos como flete y seguro; la descripción de la mercancía tal cual aparece en el condicionado; el país de origen del fabricante; la mención a un posible pago ya adelantado, etc.

  Ha de ir firmada y sellada y en ella se debe incluir el número de crédito documentario.

- **Lista de embarque**

  También se conoce como relación de contenido o *packing list* y, por regla general, se emite a nombre de la empresa ordenante y mencionando los datos de la cargadora. Debe incluir la descripción de cada bulto, su peso y sus medidas, si así fuera requerido. También ha de recoger el número de crédito documentario y el peso total. Junto con la factura, son los documentos básicos que se han de enviar tras la carga a la empresa transitaria, quien las utilizará para realizar el despacho de la mercancía ante la aduana.

lista de embarque

Documento emitido por el remitente que incluye una relación detallada de las mercancías que se envían en una expedición, bien sea por medio de un vehículo de transporte o introducidas en un contenedor para su consolidación. Se especifica el número de bultos, sus marcas, sus especies, su numeración, el contenido de cada uno de ellos, las unidades envasadas, el tipo de embalaje, el peso neto y bruto, etc., con objeto de verificar la correcta recepción de las mercancías en el lugar donde se realice la entrega o desconsolidación de la unidad de carga o transporte.

- **Endoso de documentos**

  En muchos clausulados de créditos documentarios
  se indica que se ha de endosar algún documento,
  principalmente el conocimiento de embarque y la
  póliza de seguro.

  » Hemos tenido que endosar «en blanco» y «a la
  orden», entre otras modalidades:

  - Si el endoso es en blanco *(in blank)*, sólo hay
    que firmar y sellar los documentos requeridos
    en su reverso. Esto significa que el ordenante
    negociará la propiedad de la mercancía.
  - Si el endoso es a la orden *(to the order)*, expresa
    que el ordenante da potestad sobre la mercan-
    cía a quien él ordene. En este caso, la instruc-
    ción «a la orden» en el reverso del documento
    tendrá que ser a un banco, a un cliente, etc.
    Este dato lo indicará el clausulado del crédito.

  » Es muy importante tener en cuenta estos en-
  dosos al recibir los originales. Si presentamos al
  banco los documentos finales sin endosar, reci-
  biremos de nuevo dichos documentos para que
  se endosen correctamente y se reenvíen al banco para evitar la discrepancia. Esto conllevará la
  consecuente pérdida de tiempo, que siempre actúa en nuestra contra.

- **Presentación de catálogos y contratos**
  La aduana puede requerir la presentación de catálogos, contrato y pedido comercial cuando lo estime necesario, principalmente cuando el valor de la factura supera una determinada cantidad económica. En estos casos, la aduana establece un circuito rojo para el despacho de las mercancías, lo que requiere la presentación de dichos documentos.

  » En exportaciones a China, por ejemplo, hemos tenido que presentar ante la aduana (a través de la transitaria) todo tipo de documentación que avalara dicho envío cuando la factura ha sobrepasado los 500.000 €. Esto es una práctica aduanera habitual cuando la factura supera dicha cantidad. La aduana puede decidir entonces escanear uno o varios de los contenedores, e incluso obliga a enviar una carta en la que se demuestre que se es exportador autorizado, se describa la mercancía servida, se indique el número de factura y la forma de pago del cliente. Esta situación crea incertidumbre, pues hasta que la aduana no da el visto bueno a toda la documentación aportada, no libera el contenedor para que pueda ser embarcado. Hasta ahora, no obstante, siempre hemos salido airosas de estas situaciones y hemos embarcado a tiempo. Por eso es tan importante contar con días suficientes entre la llegada del contenedor a puerto y la salida del buque. Pueden darse inspecciones de aduana de manera aleatoria, como también puede ocurrir que un barco anule su paso por un puerto contratado. En fin, son múltiples las aventuras que puede vivir un contenedor hasta que zarpa el barco. Y después de zarpar también, pero la compañía de seguros será nuestra aliada en ese caso.

- **Certificados propios**
Pueden ser de muy diversa tipología y siempre tienen que ir firmados y sellados por la empresa exportadora, además de incluir el número de identificación del crédito documentario.

» Entre los numerosos tipos de certificados, hemos tenido que emitir:

- Certificados donde se debía mencionar bajo qué estándares se había fabricado el producto: European Standards, British Standards, ISO, etc.
- Certificados en los que se constataba que habíamos procedido al envío de copias de los documentos a la dirección del cliente o de un banco.
- Certificados informando al destinatario de la mercancía de los datos de embarque, tránsito, etc.; lo que se conoce como información del

envío *(shipping information)*, detalles del envío *(shipping details)* o aviso de embarque *(shipping advice)*.

– Certificado de conformidad *(certificate of conformity* o CoC), donde se aseguraba que éramos la empresa fabricante y que por eso se adjuntaba el documento que así lo probaba, el CE *(Conformité européenne* o de Conformidad europea, marca europea para ciertos grupos de servicios o productos industriales).

– Aunque no es lo habitual, algún clausulado puede solicitar un certificado de origen propio, emitido por la exportadora, donde se indique el origen de la mercancía.

- **Etiquetados**

  Anteriormente nos hemos referido al etiquetado de los bultos *(shipping marks)*, unas marcas o identificaciones que han de figurar obligatoriamente en cada pieza cargada en el contenedor o en el camión y a las que hay que hacer referencia en cada uno de los documentos.

  » Estas etiquetas suelen hacer mención al origen de la mercancía *(Made in European Union,* por ejemplo), al nombre de un cliente o a un banco en concreto. Pero también nos hemos encontrado con la obligación de tener que indicar en cada bulto y documento el número de pedido, pesos neto y bruto o el nombre del consignatario de la mercancía, entre otros detalles. En fin, algo extenso y complicado.

» En algún clausulado, incluso tuvimos que dibujar un triángulo y dentro de él incluir las identificaciones o etiquetas.

» En embarques más recientes hemos tenido hasta que etiquetar los contenedores, debiendo incluir dentro del propio contenedor copias de la lista de embarque y de un documento denominado Label (etiqueta), donde se incluyen los datos de la empresa proveedora y los del ordenante del crédito documentario.

» En contenedores que contenían cajas de cartón, hemos tenido que estampar con pegatinas la numeración de cada una respecto del total de cajas.

» En cajas de madera elaboradas expresamente para un envío a Sudamérica, tuvimos que marcar en lugar visible cada una de ellas con una numeración correlativa y su lista de embarque correspondiente. Tras lo cual hubo que obtener unas fotografías y enviarlas al cliente.

- **Garantía**

  Es el documento en el que se hace mención expresa al tipo de mercancía y al tiempo durante el cual la empresa exportadora se hace responsable de cubrir cualquier defecto que altere el correcto funcionamiento del producto, siendo responsable de su reparación o reposición. En la garantía se puede incluir, adicionalmente, un conjunto de cláusulas que indiquen las operaciones incorrectas que invalidarían dicha cobertura. Ha de ir firmada y sellada. Habitualmente, este documento no figura como uno de los solicitados en los créditos documentarios, pero forma parte del paquete documental propio de cada producto suministrado.

Adicionalmente a los documentos que emite la empresa exportadora, lo que ésta también ha de vigilar muy de cerca es la correcta emisión de los documentos ajenos a ella, intentando que, además, estos sean la menor cantidad posible para facilitar la agilidad del proceso.

Como **documentos requeridos ajenos a la empresa exportadora**, es frecuente que se requieran:

- **Certificado de la naviera**

  Se trata de un certificado que emite la naviera, donde se exige que ésta informe de la categoría del barco utilizado y de los puertos por donde el barco pasará o no; o bien donde se pide que figuren los datos del agente de aduanas en destino.

- **Certificado de circulación de mercancías**
Lo emiten las aduanas europeas y se utiliza en el comercio de la UE con países con los que mantiene acuerdos de beneficios arancelarios.

» Para envíos a Israel, Jordania, el condicionado del crédito puede solicitar la presentación del EUR-1, documento que justifica el Acuerdo preferencial de la Unión Europea con algunos países. Este documento lo proporcionará el transitario.

» En exportaciones a Turquía hemos tenido que solicitar igualmente al transitario el certificado de circulación de mercancías ATR, un documento que confirma el régimen arancelario preferencial que la Unión Europea mantiene con Turquía. Siempre hemos tenido que hacer constar en el ATR el número del crédito documentario para que el banco confirmador, previo al emisor, diera el visto bueno.

- **Póliza de seguro**
En gran parte de los créditos documentarios figura la obligatoriedad de contratar una póliza de

seguro. Por ello, hay que garantizar con la compañía de seguros el cumplimiento del crédito documentario, porque los condicionados normalmente requieren una póliza de seguros o un certificado con algún tipo de texto específico y, en general, con un 110 % del valor CIF *(cost, insurance and freight,* regla Incoterms que engloba el flete más el seguro) de la factura. El texto suele ser una descripción explícita de las coberturas de la aseguradora, las llamadas cláusulas ICC (Institute Cargo Clauses), del Instituto de Aseguradores de Londres.

» Recibir correctamente la póliza con el texto adecuado puede ser un proceso largo, pues si la compañía de seguros remite directamente el documento confeccionado por ellos, es muy posible que tras revisarlo sea necesario pedir correcciones o modificaciones. Nunca llegará el documento correcto a la primera. Por este motivo, hay compañías de seguros que permiten acceder a su plataforma de gestión a través de internet para que sea el propio cliente quien confeccione el documento «a su medida». Supone más trabajo inicial para este, pero al hacerlo así, lo revisa directamente y no depende de que la compañía remita varias veces el documento hasta darlo por bueno. Además, puede ocurrir que la compañía de seguros esté situada en países con los que exista una importante diferencia horaria, por lo que es muy útil acceder de manera directa e independiente a su plataforma de gestión.

- **Certificado añadido a la póliza de seguro**
  Es también un documento habitual que se solicita. Lo tiene que emitir directamente la compañía de seguros, con los datos que la empresa contratante de la póliza le indique, como la dirección de la sede de la compañía o el número de crédito documentario, entre otros.

- **Documento de transporte**
  Es el elemento fundamental de una exportación, es el billete de viaje y, en ocasiones, otorga la propiedad de la mercancía, como en el caso del conocimiento de embarque.

  - Si es por **carretera**, hay que recibir la **carta de porte CMR** del transportista, en concreto del conductor del camión, quien hace entrega del documento a la empresa exportadora para su cumplimentación. El documento incluirá, además del número de crédito documentario, la descripción de la mercancía, los bultos, el peso y la matrícula del camión, con la firma y el sello en todas las copias. Pero también debe indicar, si así se solicita en el clausulado del crédito documentario, la fecha de carga explícita, la mención del *Notify* (notificar a) y la indicación *Freight payable at destination* (pago en destino).

» Este documento, para que sea acorde con el crédito, es conveniente que lo completemos las personas que lo gestionamos, y que no se delegue su realización a otro departamento, como expediciones, por ejemplo. Al menos en todo cuanto se refiere a pesos y bultos. ¡Si es que sabemos, pues nos hemos encontrado documentos CMR en danés, turco, holandés o ruso, que nos han despistado bastante!

– En caso de que el condicionado del crédito exija un **certificado de recepción del transitario o FCR** *(forwarder's cargo receipt)*, en él debe-

carta de porte CMR

Documento mediante el que se formaliza el contrato de transporte de mercancías internacional por carretera, aprobado por la IRU (9 de noviembre de 2007) y acorde con el Convenio CMR.

rán figurar los mismos datos que en un conocimiento de embarque y será la propia empresa
transitaria quien confeccione dicho documento, pues es ella la que confirmará que ha recibido la carga para ser enviada a destino.

– El rey de los documentos de transporte es, sin
duda, el **conocimiento de embarque** o **B/L** *(bill
of lading).* Se utiliza en **envíos marítimos** y,
como dicen los clásicos, «Quien tiene el B/L, tiene
la propiedad de la mercancía». Este documento lo
emite la naviera que realiza el embarque, quien
recibirá a su vez el condicionado del crédito a
través de la empresa transitaria contratada por
la exportadora. Con el crédito en la mano, la naviera debe hacer constar en el B/L toda la información que este requiere: datos correctos de
las empresas exportadora y de la consignataria,
puertos de carga y de descarga, datos del buque,
datos de los contenedores y de su peso, número
de bultos, si el flete es pagadero en destino, número de originales, fecha de embarque y sello,
etiquetas, etc. Todo ello contrastado con los datos de la lista de embarque y de la factura.

» Seguro que hay datos en el borrador del B/L
que, tras una primera lectura, chirriarán un
poco, pero la última palabra la tendrá el banco.

Casi nunca el B/L está correcto a la primera, por lo que varias veces pasará por el filtro del banco, y tras su visto bueno, habrá que esperar a que la naviera emita los originales.

» En esa parte del proceso, ocurre que se dispone de toda la documentación legalizada, con sus copias correspondientes, pero falta el B/L original, que se emite tras la salida del barco. Tan pronto se reciban los originales del B/L, firmados y sellados, y sus copias correspondientes (siempre, como mínimo, tres ejemplares), todo se debe disponer para enviar los originales al banco, indicándole al mensajero la mayor prioridad en la orden de entrega.

» Hay que observar detenidamente cuántos originales indica el condicionado. Nos ha ocurrido tener que enviar un **original de B/L por fuera del crédito**, por valija, algo que no es recomendable, pues los documentos han de ir siempre dentro del propio crédito (no se debe descartar que el cliente, con el B/L y una factura que también nos solicite por valija, pudiera hacerse con la mercancía). En ocasiones, no obstante, es necesario hacer excepciones con clientes de confianza cuyos clausulados de créditos siempre incluyan sin negociación el envío de un original de factura, lista de embarque y B/L vía *captain´s mail* (valija del capitán), habitual para ciertos destinos.

- **Certificado de origen**

  En créditos documentarios con origen en países que no forman parte de la UE, es habitual que se solicite un certificado de origen emitido por una cámara de comercio. Lo suelen solicitar aquellos países con acuerdos bilaterales con la UE cuando la procedencia de la importación supone alguna ventaja, como la exención o reducción de las tasas aduaneras.

  » Hay países que admiten el origen de UE simplemente con que venga expresado en la factura, como es el caso de Marruecos. Bastaría incluir un texto del tipo: *«Origin of goods: EU (European Union)»*.

  El certificado de origen es un documento ajeno a la empresa exportadora; ésta sólo se limita a completar un modelo oficial.

  » Las tecnologías de la información han permitido superar las épocas en que se cumplimentaba la plantilla oficial del certificado de origen con la máquina de escribir, intentando incluir todas las copias del documento en el rodillo de la máquina, con el riesgo de que si se cometía un error tipográfico teníamos que deshacernos del documento y utilizar otro nuevo. Desesperante, la verdad, pues a las dificultades técnicas se añadían las urgencias propias del trabajo diario. Ahora, para la creación del documento, manejamos la plantilla de una hoja de cálculo y la imprimimos en el papel membretado de la cámara de comercio. Después, nuestro mensajero los presentará en la propia cámara para su legalización. Incluso hay la posibilidad de cumplimentar el documento a través de internet y enviarlo a la cámara vía telemática si se dispone de firma digital. No obstante, en cualquier caso, la recogida del original con el sello correspondiente siempre es presencial.

» La legalización de este certificado en la cámara de comercio tiene un coste, que se ha de abonar por transferencia previa y obliga a formalizar un modelo oficial de documento, a modo de justificante del pago realizado, que debe presentarse en la cámara junto con el certificado de origen que se quiere legalizar. Habitualmente, el plazo para recoger el documento legalizado es de 24 horas.

Este certificado incluye los datos de la empresa exportadora, la destinataria, el país de origen, y la descripción y cantidad de la mercancía. En el caso de España, consta de dos copias de color amarillo y una de color rosa. Esta última ha de ir firmada, sellada, fechada, y completada por detrás.

» En muchas ocasiones se ha de explicitar el origen en la Unión Europea de la mercancía con una frase que el crédito obliga a escribir.

- **Certificado de preembarque o *pre-shipment* emitido por importador o tercero**
  Este tipo de certificado solo debe admitirse en el articulado del crédito si quien debe emitir dicha certificación es un organismo internacional independiente o un auditor acreditado, ya que tendrá un valor objetivo. Pero si lo emite una tercera persona contratada por la empresa importadora o incluso por ella misma, se corre un grave riesgo de posicionamiento y parcialidad.

  » Este es uno de los documentos que siempre ha recibido un mismo comentario en la revisión del borrador del crédito documentario: «No lo aceptamos». ¿Por qué? Muy sencillo. Es un documento que, si se pide que sea emitido por un organismo elegido por el ordenante del crédito, nos hace estar vendidos. Supongamos que la persona que va a inspeccionar la mercancía, previo a su embarque, no da el visto bueno a su salida porque considera que está incompleta o falta de garantías. Esto puede hacer demorar la salida de la mercancía *sine die*. Se debe insistir en suprimir este preembarque de los documentos requeridos en el crédito, pues no está bajo el control de la empresa exportadora.

» Para un país de Oriente Medio, la inspección previa al embarque se demoró meses, lo que supuso tener que esperar a una nueva extensión del crédito documentario, ampliando el plazo de embarque, que el cliente sólo emitió cuando lo estimó oportuno. Esto supuso cargar con los costes de almacenaje, estar sometidos a su voluntad para recuperar la validez del instrumento de pago y tener que presentar certificados de más de doscientas referencias de material y cuanto se le antojó como inspección.

» Para un país asiático tuvimos que lidiar con este documento y sólo pudimos embarcar la mercancía cuando el inspector que acudió a nuestras instalaciones tuvo a bien firmar un documento donde se exponía que todo estaba en regla. Para ello tuvimos que fotocopiar su documento de identificación y crear varias copias para que las firmara.

Adicionalmente a los expuestos, como **documentos curiosos**, también es posible tener que gestionar:

- **CCVO** *(combined certificate of value and of origin)*

  » Cuando en el borrador del crédito documentario de un país africano nos encontramos en una ocasión con estas siglas que identificaban a un documento que debíamos presentar, no se nos ocurrió otra frase que «¿Pero esto qué es...?». Contactamos con los departamentos comercial y financiero para que investigaran el significado de las siglas a través del cliente, sin ocultar la intención de poder evitar su presentación. Como era de esperar, no sólo no nos libramos sino que tuvimos que investigar a través de nuestra transitaria y de Internet cómo elaborarlo, pues lo teníamos que emitir nosotras mismas. Comenzó la búsqueda y llegamos a entender lo que nos pedían. El *combined certificate of value and of origin* o CCVO es un documento donde se reúnen todo tipo de datos con un formato más o menos libre. Allí hicimos constar nuestros datos, los de la empresa importadora, el valor y la descripción de la mercancía, el origen de la misma, el desglose de valor del seguro, la mercancía y el flete, los datos del barco y los del B/L.

» Afortunadamente, este certificado no tiene que ir legalizado por la cámara de comercio.

- **Documentos de aduana propios del país importador**

» En algunos países africanos nos pidieron un número de identificación que se generaba tras darnos de alta en un organismo oficial aduanero o similar de dicho país. El proceso fue tremendo. Para empezar, teníamos que acceder a la web de la entidad que nos indicaba el crédito. Y allí, ir completando los datos de nuestra empresa en varias páginas hasta que se nos proporcionaba un número indicador de nuestra suscripción como exportadora a ese país. Dedicamos varios días a este trámite, pues la conexión se perdía con frecuencia, la contraseña fallaba y el proceso se detenía para volver a empezar. En fin, cómo sería de complicado para nosotras que a través del correo electrónico del organismo oficial pedimos ayuda a un funcionario para confirmar si nuestras acciones eran correctas. ¡Al final lo conseguimos!

Hasta aquí, todos los documentos que hemos reunido siguiendo el condicionado del crédito documentario conformarán nuestro **paquete documental**, que será la **garantía de cobro** si los documentos van **sin reservas**, es decir, **sin discrepancias**.

4.4 Entrega y corrección de borradores

Es recomendable, una vez se haya preparado o recibido el borrador de los documentos, enviar una copia de los mismos a nuestro banco para una revisión preliminar. No todos los bancos acceden a esta revisión inicial porque, en el fondo, es duplicar parte de su trabajo. Sin embargo, aunque digan que se trata de un favor comercial, es bueno presionar al banco para disponer de dicha revisión, especialmente para aquellos documentos que, una vez emitido su original, su reemisión tenga un coste económico y una limitación temporal (los que dependan de una tercera persona y, especialmente, si se trata de un organismo oficial, como el B/L o los certificados de origen, por ejemplo).

Una vez recibido del banco el listado de correcciones necesarias, éstas se deben aplicar a los documentos propios y, respecto a los ajenos, comunicarlas a las entidades emisoras y verificarlas cuando recibamos los nuevos documentos.

Puede ocurrir que en el listado de discrepancias encontradas en los borradores se encuentre alguna insalvable. Es el momento de acudir al cliente, comunicarle la incidencia y asegurar que, en cualquier caso, va a poder levantar la discrepancia en destino. Es decir, que aunque cada discrepancia pueda conllevar un coste, lo importante es asegurar que, a pesar de ellas, el cliente podrá liberar la mercancía en destino y que está dispuesto a aceptar el resto de la documentación a pesar de no cumplir alguno de los clausulados.

» Una discrepancia que impida liberar la mercancía en destino es causa directa para que un arbitraje internacional determine que la razón es de la empresa importadora si esta no acepta pagar el crédito documentario al vencimiento.

» Hay que tener en cuenta el plazo para la presentación de originales que figure en el crédito documentario. Conlleva un riesgo innecesario contar con menos de 21 días para el proceso de emisión de borradores, revisión por el banco, detección de discrepancias, corrección y emisión de originales.

» Hay que dejar un margen de tiempo para actuar en caso de recibir discrepancias del banco confirmador, ya que si este ha encontrado alguna disconformidad, el cobro está en riesgo si no se subsana.

4.5 Emisión y presentación de originales al banco. El cobro

No debemos olvidar que la presentación de originales se ha de efectuar en forma y plazo.

» Es importante revisar las firmas requeridas, así como los sellos o el número de originales y de copias que hay que presentar. En caso de que un original sea similar a una copia, se debe dejar clara qué función cumple cada documento, aunque sea estampando un sello de «original» o «copia».

No se puede demorar la entrega de la documentación al banco confirmador más allá del plazo estipulado, por lo que es conveniente que quede constancia de dicha entrega mediante algún tipo de albarán, donde figure claramente la fecha de presentación, o incluso una carta que liste la documentación presentada, con una copia que el banco devuelva sellada, donde se confirme la recepción del contenido y la fecha.

El banco confirmador dispondrá de cinco días para revisar los originales antes de enviarlos al banco emisor. Hasta ese momento podría aún expresar nuevas discrepancias que no hubieran sido detectadas en la primera revisión o que estén relacionadas con el documento original recibido, motivo este por el que no se habrían podido advertir con anterioridad (falta de una firma o número de originales erróneo, entre otras posibles irregularidades, por ejemplo). También puede ocurrir que la revisión de borradores se haya efectuado sobre documentos parciales, y que al recibir el paquete completo de originales sea cuando se observe alguna incoherencia entre documentos. En este caso, el tiempo del que se dispondrá para corregir los documentos originales será tan breve que esta actividad tendrá sin duda un carácter prioritario.

» Si el banco confirmador no encontrara discrepancias y enviara los documentos al banco emisor del crédito documentario, sería posible liberar el pago ante una presentación conforme y, aunque el emisor hallara discordancias, debería absorberlas el banco confirmador. Sin embargo, la mayoría de las entidades bancarias se cubren en salud y siempre encuentran una dificultad de última hora inabordable por plazo, de manera que si hay discrepancias en la revisión del emisor, no tengan comprometido el pago con la empresa exportadora.

» En nuestra experiencia, en general, sólo con algunas entidades bancarias o en caso de haberse negociado un descuento, al ser concedido inmediatamente después de la revisión de originales conformes según banco confirmador, nuestra empresa ha estado desvinculada de cualquier discrepancia posterior en destino. Y cuando las ha habido, nos han pedido que la subsanemos a modo de colaboración, pero afortunadamente sin riesgo de cobro.

» En definitiva, la sensación que produce el envío de los originales al banco confirmador es como una liberación. Algo comparable al fin de curso, cuando se acaban todos los exámenes y te relajas pero te quedas expectante, esperando que te den el aprobado final, tan deseado y trabajado. Y entonces, cuando el banco confirma que los documentos originales han partido hacia su destino sin discrepancias, cuando ya te has liberado y respiras, es el momento de ponerte a trabajar en el próximo crédito.

5 Los cinco actores en la gestión documental

5.1 La empresa transitaria

También llamada como operadora multimodal o *forwarder* es una pieza clave en el comercio internacional, porque equivale a la función de una agencia de viajes para las mercancías. Es el equipo profesional que proyecta, coordina, controla y dirige todas las operaciones necesarias para efectuar un transporte internacional de mercancías bajo un único contrato con la empresa cargadora o cliente, y a través de cualquier medio de transporte multimodal (camión, tren, avión o buque). La internacionalidad es la que lo distingue principalmente de un transportista habitual, pero también el hecho de unificar en un solo interlocutor toda una cadena entera de transporte, con la responsabilidad y trazabilidad que conlleva, aplicando el conocimiento de las reglas Incoterms y de las legislaciones de los distintos países de tránsito.

Las empresas transitarias emplean documentos propios, regulaciones propias y documentos de la Fiata (International Federation of Freight Forwarders Associations), como el FCR *(forwarder certificate of receipt)*,

reglas Incoterms

La palabra Incoterms es el acrónimo de International Commerce Terms. Se trata de un conjunto de reglas fijadas por la Cámara de Comercio Internacional que determinan el alcance de las cláusulas comerciales de los contratos compraventa.

Su primera publicación data de 1936 y desde entonces hay diferentes versiones, a las que hay que referirse en el contrato. La última versión es de 2010.

También se llaman cláusulas de precio (en cada operación determina derechos, obligaciones y costes que se deben asumir).

Características:

- Carácter voluntario.
- Reducen la incertidumbre derivadas de los usos y costumbres locales.
- Son para mercancías tangibles, no para servicios.
- Son para operaciones comerciales internacionales.
- Regulan la relación entre comprador y vendedor respecto a la entrega de la mercancía.
- No regulan las formas de pago ni la jurisdicción aplicable en caso de litigio.
- Determinan el momento y sitio exacto donde:

  - se debe entregar la mercancía,
  - se transfiere el riesgo del comprador al vendedor,
  - llega el alcance de la responsabilidad de cara a posteriores litigios,
  - cada fase del transporte (despacho, seguro, flete, inspección) es asignado.

donde certifica que tiene la posesión y el control de una mercancía; el FWR *(forwarder warehouse receipt)*, que es un certificado de depósito; o el conocimiento de embarque.

Además del propio transporte internacional, ofrecen servicios complementarios al mismo:

- Asesoramiento en transacciones comerciales, cálculo de gastos de importación o exportación, entre otros apartados.
- Selección y contratación de medios de transporte de mercancías.
- Creación de líneas de grupaje.
- Cobertura contra riesgos en el transporte.
- Consolidación de expediciones.
- Despacho de aduanas.
- Almacenaje y manipulación (gestión de existencias, pesaje, etiquetado, embalaje, preparación de pedidos, etc.).
- Distribución física.
- Carga y descarga de las mercancías.
- Control de calidad.

» En la elección de la más idónea intervienen numerosas variables, pero siempre ha de primar (si sus precios son ajustados) la idea de que **la empresa transitaria ha de ser nuestra cómplice**. Cuando necesitemos un contenedor para cargar a una hora no habitual; o precisemos con urgencia un documento elaborado por la naviera; o sea necesario entregar la mercancía a una hora determinada en un destino complicado; o resulte imprescindible un transporte especial para una pieza de grandes dimensiones; el transitario siempre estará con nosotros. Son profesionales pero, sobre todo, personas con las

consolidación de carga

Procedimiento de transporte mediante la expedición de partidas de distintos remitentes, de diferente peso, clase o volumen, que por sí solas no ocuparían un equipo o medio de transporte, y que se acondicionan como una única unidad física de manipulación y circulación, con el fin de facilitar su expedición y transporte hacia un destino común (país, ciudad, puerto, aeropuerto, etc.), generalmente un centro desconsolidador desde donde se reexpiden al destinatario final. En este tipo de transporte, aparte de la función propia de traslado, desde la entrega de las mercancías por el expedidor hasta su entrega al destinatario, el operador de transporte acostumbra a realizar trabajos previos o complementarios, relacionados con el carácter fragmentario de la carga; por ejemplo: la manipulación, el almacenamiento, la consolidación, la clasificación o el embalaje.

que trabajaremos codo con codo, que entienden nuestras necesidades, y con las que intercambiaremos un gran número de correos y llamadas telefónicas, siempre urgentes y con instrucciones cambiantes.

5.2 La compañía de seguros

Un seguro es un contrato por el que el asegurador se obliga, mediante el cobro de una prima y para el caso de que se produzca el evento cuyo riesgo es objeto de cobertura, a indemnizar, dentro de los límites pactados, el daño producido al asegurado o a satisfacer un capital, una renta u otras prestaciones convenidas.

La póliza de seguro de mercancías debe contener:

- Nombre y apellidos o denominación social de las partes contratantes.
- Domicilio de ambas partes.
- Designación del tomador del seguro o contratante y beneficiario.
- Concepto por el cual se asegura.
- Naturaleza del riesgo cubierto.
- Designación de los objetos asegurados y de su situación.
- Suma asegurada o alcance de la cobertura. Las coberturas son establecidas internacionalmente

para los diferentes seguros de acuerdo con cláusulas ICC (Institute Cargo Clauses).

- Tipo e importe de la prima, recargos e impuestos. Si la prima es teórica se calcula según el valor de la mercancía en factura, pero si es comercial, se debe calcular sobre la base del valor de la mercancía + portes + seguro + derechos arancelarios y gastos aduana + beneficio comercial.
- Vencimiento de las primas, lugar y forma de pago.
- Duración del contrato, con día y hora de comienzo de efectos.
- Nombre del agente interviniente si lo hubiera.
- Tipo de póliza (sencilla, aislada o abierta, flotante o combinada).

En particular, la póliza de seguro de mercancías es un contrato por el que el asegurador se obliga a indemnizar los daños materiales que puedan sufrir las mercancías porteadas, el medio utilizado u otros objetos asegurados, con ocasión o consecuencia del transporte.

La póliza que se contrata cubre los riesgos provenientes de:

- El desplazamiento de las mercancías de un lugar a otro.
- Los períodos de tiempo en los que los bienes permanecen paralizados por las circunstancias del viaje: la carga y descarga, la estiba y desestiba, el almacenamiento intermedio, etc.

– Los daños producidos al medio de transporte o a terceros.

En el transporte internacional, las mercancías pueden ser aseguradas por la empresa exportadora o la importadora, según se estipule en el contrato compraventa y la regla Incoterms acordada. En esa decisión intervienen diferentes factores, como la naturaleza de los bienes asegurados, el tipo de transporte, el itinerario y el destino, o el valor de la mercancía. Según las diferentes condiciones y coberturas que se contraten, la

estiba

Del latín *stipare*, amontonamiento, es la operación de movimiento de la mercancía, mediante su manipulación, distribución y colocación adecuadas en una unidad de transporte de carga (contenedor de transporte, caja del camión, etc.) para evitar o minimizar su posible daño, facilitar las descargas y proteger a las personas o las cosas.

En el transporte marítimo, se entiende también como el movimiento de la mercancía, desde que se halla suspendida en el costado del buque hasta que se encuentra definitivamente emplazada a bordo del mismo, de manera que no pueda desplazarse ni sufrir daños o deterioros, ocupando el menor espacio posible, y dispuesta para que después pueda manipularse con facilidad.

aseguradora garantizará la recuperación parcial o total del valor de las mercancías.

» El condicionado del crédito se debe remitir a la compañía de seguros con el fin de que confirme que puede cumplir con las cláusulas que se solicitan en el crédito. Tras su confirmación, la aseguradora podrá proceder a la emisión del borrador de la póliza.

5.3 La cámara de comercio: legalizaciones, certificados de origen

De acuerdo con la legislación de cada país, las cámaras de comercio pueden emitir diferentes certificados para la exportación, que puede que sean solicitados en el clausulado del crédito documentario. Entre ellos, cabe destacar:

- **Certificado de origen**
  Como ya expusimos en el apartado 3.3, dedicado a la «Gestión documental», es un documento utilizado para acreditar el país de origen de la mercancía y que la administración aduanera del país de destino exige por razones de política comercial.

- **Legalizaciones**
  Las cámaras de comercio realizan la legalización y el visado de documentos mercantiles que son

necesarios para una operación de comercio exterior, como facturas comerciales, certificados de compañías de seguros, certificados sanitarios o solicitudes de visados de entrada.

La empresa exportadora deberá presentar el original y la copia del documento que se quiere legalizar y hacer el pago correspondiente de las tasas de legalización.

Además, las cámaras de comercio facilitan los trámites para hacer la Apostilla de la Haya, anotación que certifica la autenticidad de un documento para su uso en un tercer país que esté adherido el Convenio de la Haya (1961).

» También se expiden y legalizan certificados que avalan la existencia de una determinada empresa, cuál es su número de identificación fiscal, dónde se ubica su sede u otras instalaciones o que pertenece al registro de exportadores, entre otras.

» Este tipo de certificación ayuda a reducir la desconfianza en estafas internacionales con empresas ficticias.

- **Los cuadernos de admisión temporal de mercancías (ATA)** y el carnet de pasaje (CPD) que permiten la exportación e importación temporal de mercancías (para ferias y exposiciones, material profesional como el relacionado con el periodismo, etc.) también pueden ser emitidos por una cámara de comercio.

5.4 Terceros: embajadas, certificadoras

- **Ministerio de Asuntos Exteriores**
  Los créditos documentarios pueden solicitar legalizaciones o sellos de terceros, tales como embajadas o consulados del país de destino de la mercancía, Ministerio de Asuntos Exteriores o delegaciones de entidades certificadoras internacionales, entre otros.

» Cualquier certificación que solicite el crédito documentario, ya en la fase de borrador, hay que verificarla de inmediato con la entidad que vaya a legalizarla para saber con certeza cuál será su coste y tiempo que demorará su obtención.

» Embajadas como la de Siria disponían como tarifa de legalización un 1 % del valor de la factura. Esto puede resultar un monto elevado o, en ventas de pequeño margen, resultar muy relevante, por lo que hay que tenerlo en cuenta para cotizarlo en la factura.

» Embajadas como la de Egipto, tenían una tarifa fija, lo cual interesa conocer para repercutirla en el valor del crédito documentario.

» Embajadas como la de Siria o Libia, admitían solicitudes sólo un día determinado de la semana, en un horario concreto diferente del día de la recepción de la documentación legalizada o certificación, también día acotado temporalmente.

» El coste de ciertas certificadoras de calidad es alto. Hay que dejar bien acordado quién asume dicho coste.

» Las legalizaciones del Ministerio de Asuntos Exteriores son gratuitas, pero requieren cita en línea y no son inmediatas, así como un desplazamiento a su sede, con el coste y tiempo que conlleva. Normalmente estas legalizaciones de documentos en el Ministerio, suelen ir acompañadas de un proceso coordinado de envío y posterior recogida en alguna embajada. En casos de crédito documentario, hay que coordinar muy bien las fechas para llegar a tiempo a la presentación de originales al banco confirmador.

» Nuestra recomendación es dejar acotado en la factura proforma que cualquier legalización que sea necesario realizar requerirá cotización aparte.

» En el difícil proceso de legalización de documentos, hemos tenido que incluir en alguna ocasión las traducciones juradas. Para ello, hemos contactado con empresas de traducción que cuentan con traductores jurados. Estos profesionales realizan su traducción y estampan su sello en los documentos que así lo requieran. Después, estos documentos deben llevarse a la embajada correspondiente para su legalización final.

5.5 Bancos: letras de cambio...

En relación a los créditos documentarios, los bancos pueden facilitar letras, seguros de cambio de divisa (debido al riesgo que aparece cuando se fijan los precios en una moneda que no es la propia y existe un aplazamiento en el pago), y otros documentos vinculados con la forma de pago.

» Como ya mencionamos al hablar de la corrección de originales, el banco es el organismo que visa los documentos y nos tutela en la ejecución de los mismos. Además, si así se ha negociado, adelantará el cobro tras recibir los documentos sin discrepancias.

» En algunos créditos documentarios nos ha sido requerida la presentación de una letra de cambio en inglés, como un elemento más del conjunto de originales emitidos como empresa exportadora. Al principio recurrimos a la Casa de la Moneda y Timbre, donde muy amablemente nos informaron que era prácticamente imposible encontrarla en España, e incluso contactamos con varios establecimientos especializados, pero en ninguno de ellos tenían nada parecido. El banco fue quien nos ayudó a traducir una letra al inglés y al final creamos un documento perfectamente válido para presentar como original.

Las entidades bancarias cuentan con departamentos de comercio exterior que asesoran de manera personalizada y realizan seminarios sobre operaciones de comercio internacional.

Caso práctico

Desarrollamos a continuación un caso de gestión de un crédito documentario para una exportación desde España basada en una relación contractual con las características siguientes:

- Empresa exportadora española (beneficiaria del crédito):

  ALUMINIUM ESPAÑA, POL. IND. VILLA, PARCELA 10. MADRID, SPAIN
  TEL: 0034 911010101 FAX: 0034 911010102.

- Empresa importadora turca (ordenante del crédito):

  ALUMINIUM TURKEY, INDUSTRIAL AREA ISTAMBUL, NR 355. ISTANBUL, TURKEY
  TEL: 0090 10000000001 FAX: 0090 10000000002.

- Tipo de transporte: carretera.

- Producto definido bajo catálogo, por referencias.

- Regla Incoterms 2010: EXW Madrid.

- Material a precio fijo según factura proforma de fecha 30 de junio de 2017, previamente aceptada por cliente, totalizando un valor de 350.000 €.

- Fecha última de embarque o carga terrestre: 30 de septiembre de 2017.

La empresa importadora (ordenante) toma la iniciativa de acudir a un banco en su país (banco emisor) para ordenar la apertura del crédito documentario:

1 Cumplimenta un formulario donde expresa los detalles de la operación y las condiciones contractuales pactadas con la empresa exportadora.

2 Detalla la documentación que necesita recibir de la empresa exportadora para poder retirar la mercancía tras el proceso aduanero.

El banco emisor asesora a la empresa ordenante respecto a los documentos de transporte habituales en la importación de mercancías, y los que la aduana de su país suele exigir para liberar la mercancía. Por último, le prevé de situaciones de riesgo comercial, sugiriéndole documentación que mitigue dichos riesgos; por ejemplo, certificado de conformidad o certificado de origen de la mercancía.

Finalmente, la empresa exportadora (beneficiaria) recibe del banco emisor un comunicado de apertura del crédito documentario en formato SWIFT:

BANCO INTERNACIONAL XXX

Oficina XXX

Crédito documentario de exportación: aviso de apertura

FECHA: 03/09/2017

N/REFERENCIA: XXX

ORDENANTE: **ALUMINIUM TURKEY**

BENEFICIARIO: **ALUMINIUM ESPAÑA**

Banco Emisor: XXXX

Estimados Señores,

De acuerdo con las instrucciones recibidas del Banco Emisor en fecha XXX, les comunicamos la apertura a su favor del crédito documentario referenciado.

Mensaje MT 700 ISSUE OF A DOCUMENTARY CREDIT

Cabecera mensaje	Oficina XXX	RECIBIDO
Cabecera aplicación	XXX	
Sequence of Total	XXX	
Form Documentary Credit	40A IRREVOCABLE	
Doc. Credit Number	20 01100MA000010	
Date of Issue	31C 170902	
Applicable Rules	40E UCP LATEST VERSION	
Date and Place of Expir	31D 171130SPAIN	
Applicant	50 ALUMINIUM TURKEY	
	INDUSTRIAL AREA ISTAMBUL, NR 355	
	ISTANBUL, TURKEY, TEL: 0090 10000000001	
	FAX: 0090 10000000002	
Beneficiary	59 ALUMINIUM ESPAÑA	
	POL. IND. VILLA, PARCELA 10, MADRID, SPAIN	
	TEL: 0034 911010101	
	FAX: 0034 911010102	
Currency/Transac. Amoun	32B EUR 350000,00	
Maximum Credit Amount	39B NOT EXCEEDING	
Available With... By...	41D Any bank in Spain	
	BY NEGOTIATION	
Drafts at...	42C SIGHT	
Drawee	42A XXX	
Partial Shipments	43P ALLOWED	
Transhipment	43T ALLOWED	
Port Loading/Airport Dest	44E ANY SEAPORT IN EUROPE	
Port Disc./Airport Dest	44F: ISTANBUL CUSTOMS, TURKEY	
Latest Date of Shipment	44C 170930	
Descrip.Goods or Servic	45A	

Aluminium Parts Catalogue References XXXX as Proforma Invoice NR XXX DATED ON 30/06/2017 (INCOTERMS 2010 EX-WORKS MADRID)

Documents Required   46A
  1   MANUALLY SIGNED COMMERCIAL INVOICES IN ONE ORIGINAL PLUS THREE COPIES,
      ISSUED TO THE NAME OF THE APPLICANT AND INDICATING EXW SPAIN VALUE OF THE
      MERCHANDISE.
  2   2.ORIGINAL INTERNACIONAL CONSIGNEMENT NOTE (CMR) CONSIGNED TO TURKEY
      BANK ISSUED AND SIGNED BY THE CARRIERS OR THEIR AGENTS, MARKED PAYABLE AT
      DESTINATION, EVIDENCING TRUCK PLATE NUMBER, NET AND GROSS WEIGHT AND
      MENTIONING FULL NAME AND ADDRESS OF THE APPLICANT AS NOTIFY PARTY.
  3   CERTIFICATE OF ORIGIN IN 1 ORIGINAL AND 1 COPY ISSUED OR LEGALISED BY THE
      LOCAL CHAMBER OF COMMERCE IN SPAIN ATTESTING THE ORIGIN OF THE GOODS
      SHIPPED.
  4   COPY OF SHIPPING ADVICE SENT TO APPLICANT E-MAIL ON SHIPMENT DATE
      INDICATED FULL SHIPMENT DETAILS.
  5   PACKING LIST IN ONE ORIGINAL AND THREE COPIES.
  6   ORIGINAL AND 1 COPY OF ATR CERTIFICATE DULY STAMPED BY CUSTOMS
      AUTHORITIES.

Additional Conditions   47A
  1   ALL DOCUMENTS MUST BE MADE IN ENGLISH LANGUAGE.
  2   ALL DOCUMENTS MUST BE DATED, EVIDENCING THIS L/C NO, STAMP AND MANUAL
      SIGNATURE.
  3   DOCUMENTS ISSUED PRIOR TO THE DATE OF ISSUANCE OF THIS L/C ARE NOT
      ACCEPTABLE.
  4   DOCUMENTS SHOWING ANY CORRECTIONS/ALTERATIONS WITHOUT
      AUTHENTICATION BY THE ISSUER IS NOT ACCEPTABLE.
      A DISCREPANCY FEE OF EUR 50.00 WILL BE DEDUCTED FROM THE AMOUNT
      NEGOTIATED FOR EACH SET OF DISCREPANT DOCUMENTS PRESENTED
      UNDER THIS L/C.
  5   EXCEPT SO FAR OTHERWISE EXPRESSLY STATED, THIS CREDIT IS SUBJECT TO THE
      UNIFORM CUSTOMS AND PRACTICE FOR DOCUMENTARY CREDITS INTERNATIONAL
      CHAMBER OF COMMERCE PUBLICATION NO.600 (2007 REVISION).

Charges   71B
      ALL BANK CHARGES OUTSIDE TURKEY ARE FOR THE A/C OF BENEFICIARY.

Period for Presentation   48
      DOCUMENTS MUST BE PRESENTED WITHIN 14 DAYS FROM THE DATE OF SHIPMENT,
      BUT WITHIN THE VALIDITY OF CREDIT.

Confirmation Instructio   49 CONFIRMED

Instruction to the Bank   78
      ORIGINAL DOCUMENTS MUST BE DISPATCHED BY COURIER IN ONE LOT TO
      GRAND AVENUE, ISTANBUL, TURKEY.
      PAYMENT WILL BE EFFECTED AT SIGHT UPON RECEIPT OF DOCUMENTS
      PROVIDED ALL TERMS AND CONDITIONS OF THE CREDIT ARE FULLY COMPLIED WITH.

'Advise Through' Bank   XXX

La empresa exportadora **revisa el condicionado** del crédito documentario recibido:

- Es **irrevocable.** Característica fundamental que se explicó ampliamente en este libro. Implica que no se puede modificar sin la intervención de todas las partes.

- Es **confirmado.** Factor esencial para no depender de un banco turco para su cobro y evitar el riesgo país.

- **Vence en una fecha** concreta en España, que es la mejor opción para el posterior cobro por parte de la empresa exportadora. Es decir, que el país donde deben presentarse los documentos en la fecha máxima indicada en el crédito documentario es España. El crédito podría vencer en España o en Turquía, pero es conveniente que sea en el país de la empresa beneficiaria porque esta obtiene mayor margen de tiempo para la presentación de los documentos, pues no tendrá que descontar los días que supone el envío de la documentación requerida al país de la empresa importadora.

- Explicita quiénes son las empresas **ordenante** *(applicant)* **y beneficiaria** *(beneficiary)*. Se comprueba que los datos son correctos excepto la dirección de la empresa ordenante, que figura como INDUSTRIAL AREA ISTA<u>M</u>BUL en lugar de INDUSTRIAL AREA ISTA<u>N</u>BUL. La exportadora debe cumplimentar los documentos con dicha errata. (Se podría negociar su corrección, pero es irrelevante.)

- Figura un **valor de la mercancía** que se debe de haber pactado en el contrato de compraventa; en este caso es el que se indica en la factura proforma. No se permite exceder la suma del crédito.

- La **fecha última de embarque** es importante que se pueda cumplir sin dificultades por parte de la empresa exportadora, tanto por disposición del material de venta que se ha de transportar como por disponibilidad del vehículo de transporte apropiado para la carga. En caso de transporte marítimo, también se ha de tener en cuenta si existen embarques previstos dentro de las fechas permitidas, el tiempo de tránsito desde el lugar de carga al puerto, así como el tiempo que necesita la naviera para realizar el despacho de aduana.

- Se hace una **descripción de mercancía** que se corresponde con el contrato de compraventa internacional.

- Se solicitan los siguientes documentos:

  - **Factura comercial:** emitida a nombre de la empresa ordenante ALUMINIUM TURKEY, con un número fijo de originales y copias, indicando el valor de la mercancía servida desde España.
  - **Carta de porte CMR:** consignada a una compañía en concreto, en este caso el banco TURKEY BANK, con la firma de la empresa transportista. Ha de incluir la frase *«Marked payable at destination»*, además de la matrícula del vehículo, los pesos netos y brutos y la mención de la ordenante como *«Notify party»*.
  - **Certificado de origen:** legalizado por la cámara de comercio de la empresa exportadora, firmado y sellado, con la necesaria mención al país de origen de las mercancías.
  - **Aviso de embarque** *(shipping advice):* un correo electrónico donde aparezcan los datos completos del embarque. En este caso se requiere: fecha y lugar del embarque; cantidad, valor y descripción de los materiales cargados; características del empaquetado o del embalaje; lugar de descarga; número de matrícula del

vehículo de transporte y número identificativo del crédito documentario.

- **Lista de embarque** *(packing list):* ha de incluir una relación detallada de las mercancías que se envían en la expedición.
- **Certificado ATR:** este es un documento que genera la Aduana Española y que es necesario para las exportaciones a Turquía. La empresa exportadora lo recibirá de la transportista redactado en idioma español.

- Y como condiciones adicionales, destacan:

  - Todos los documentos han de incluir el número del crédito documentario.
  - Todos los documentos han de estar redactados en inglés.
  - Todos los documentos deben estar firmados y sellados.
  - Todos los documentos han de estar fechados con posterioridad a la emisión del crédito documentario, pero con anterioridad a la fecha de expiración del mismo.
  - Toda la documentación que resulte modificada debe estar autentificada por su emisor.
  - Cada discrepancia, si es aceptada por la empresa importadora, tendrá un coste asociado de 50 € a deducir del importe del crédito.

– El crédito está sujeto a las reglas UCP 600 de la Cámara de Comercio Internacional.

Conclusiones de la revisión

La consecución de los documentos solicitados depende de la gestión de la propia empresa exportadora. De su análisis se desprende que pueden cumplirse en su totalidad, con la excepción de:

- El certificado ATR, que es un documento redactado en español y se solicita como condición adicional que lo sea en inglés.
- La fecha de carga solicitada, 30 de septiembre, está demasiado próxima como para asegurar que se podrá disponer de la mercancía en condiciones óptimas. Por este motivo, se debe negociar una extensión de quince días adicionales para la fecha de embarque.
- Disponer de solo catorce días para la presentación de la documentación es un plazo excesivamente reducido para el departamento de exportaciones, que tiene prevista una feria internacional a primeros de octubre. Se debe solicitar que este plazo sea de veinte días.

Tras solicitar las modificaciones expuestas en el apartado anterior, la empresa importadora accede a modificar que el certificado ATR esté redactado en español y a extender la fecha máxima de embarque al 15 de octubre. Sin embargo, no permite ampliar el periodo para la presentación de los documentos. Argumenta que el tiempo de tránsito por camión es de diez días para llegar a Estambul y requiere poder realizar el despacho de aduanas cuanto antes para evitar los gastos que conlleva la paralización en la frontera.

La empresa exportadora recibe del banco emisor una nueva comunicación, en la que se modifican los siguientes términos:

```
Additional Conditions     47A
    1. ALL DOCUMENTS MUST BE MADE IN ENGLISH
       LANGUAGE EXCEPT OF ATR
    2. Latest Date of Shipment 44C 171015
```

La empresa exportadora genera los documentos propios que le han sido solicitados:

- **Factura comercial** *(invoice)*.
- **Lista de embarque** *(packing list)*.
- **Aviso de embarque** *(shipping advice)*.

Paralelamente, la misma empresa solicita:

- A la empresa transportista:

  - **Carta de porte CMR.** Aunque sea un documento que la empresa transportista entrega a la exportadora, esta última puede disponer de un modelo propio, preparado para que lo termine de cumplimentar el conductor del camión.
  - **Certificado ATR,** generado por la Aduana Española y reenviado por la empresa transportista.

- A la cámara de comercio:

  - Legalización del **certificado de origen,** cuyo formulario debe cumplimentar previamente la empresa exportadora.

La empresa exportadora debe confeccionar los borradores siguientes:

- Factura comercial.
- Lista de embarque.
- Aviso de embarque.

Asimismo, la empresa exportadora debe solicitar y revisar los borradores de:

- Carta de porte CMR.
- Certificado ATR.
- Certificado de origen.

Todos los borradores se pueden enviar por correo electrónico al banco para que efectúe una primera revisión que ayude a detectar y resolver posibles discrepancias.

Factura comercial

<table>
<tr><td colspan="2">

ALUMINIUM ESPAÑA

</td>
<td>

Pol. Ind. Villa, parcela 10
Madrid, Spain
Tel.: 0034 911010101
Fax: 0034 911010102

</td></tr>
</table>

INVOICE

INVOICE NR	555
INVOICE DATE	02/10/2017

ALUMINIUM TURKEY
INDUSTRIAL AREA ISTAMBUL, NR 355
ISTANBUL, TURKEY,
TEL: 0090 10000000001
FAX: 0090 10000000002

Documentary Credit Number	01100MA000010
Documentary Credit Date of Issue	02/09/2017

Quantity	Description of goods	EXW Spain value
1	Aluminium Parts Catalogue References XXXX as Proforma Invoice NR XXX DATED ON 30/06/2017 (INCOTERMS 2010 EX-WORKS MADRID)	350.000 €

ALUMINIUM ESPAÑA

Pol. Ind. Villa, parcela 10
Madrid, Spain
Tel.: 0034 911010101
Fax: 0034 911010102

PACKING LIST

LOADING PLACE	ALUMINIUM ESPAÑA POL. IND. VILLA, PARCELA 10 MADRID, SPAIN
LOADING DATE	02/10/2017
DESTINATION	ALUMINIUM TURKEY INDUSTRIAL AREA ISTAMBUL, NR 355 ISTANBUL, TURKEY TELı 0090 10000000001 FAX: 0090 10000000002

Documentary Credit Number	01100MA000010
Documentary Credit Date of Issue	02/09/2017

Quantity	Description of goods	Net weight	Gross weight
1	Aluminium Parts Catalogue References XXXX as Proforma Invoice NR XXX DATED ON 30/06/2017 (INCOTERMS 2010 EX-WORKS MADRID)	3.200 kg	3.450 kg

ALUMINIUM ESPAÑA

Pol. Ind. Villa, parcela 10
Madrid, Spain
Tel.: 0034 911010101
Fax: 0034 911010102

SHIPPING ADVICE

DATE　　　　02/10/2017

Documentary Credit Number | 01100MA000010
Documentary Credit Date of Issue | 02/09/2017

FULL SHIPMENT DETAILS:

DATE AND PLACE OF SHIPMENT:
　　MADRID, 02/10/2017

QUANTITY, VALUE AND DESCRIPTION OF GOODS LOADED:
1 Aluminium Parts Catalogue References XXXX as Proforma Invoice NR XXX ,
　　EXW SPAIN VALUE 350.000€

PACKING CONDITIONS:
　　STANDARD PACKING

PLACE OF DISCHARGE:
　　ISTAMBUL, TURKEY

TRUCK PLATE NUMBER:
　　HNC 2222

Carta de porte CMR

1 Ejemplar para el remitente - Exemplaire de l'expéditeur
Copy for sender

CARTA DE PORTE INTERNACIONAL
LETTRE DE VOITURE INTERNATIONALE
INTERNATIONAL CONSIGNMENT NOTE

Este transporte queda sometido, no obstante toda cláusula contraria, al Convenio sobre el Contrato de Transporte Internacional de Mercancías por Carretera (CMR).

Ce Transport est soumis, nonobstant toute clause contraire, à la Convention relative au contrat de transport international de marchandises par route (CMR).

This carriage is subject, notwithstanding any clause to the contrary, to the Convention on the Contract for the International Carriage of goods by road (CMR).

1 Remitente (nombre, domicilio, país) / Expéditeur (nom, adresse, pays) / Sender (name, address, country)

ALUMINIUM ESPAÑA
POL. IND. VILLA, PARCELA 10
MADRID, SPAIN

2 Consignatario (nombre, domicilio, país) / Destinataire (nom, adresse, pays) / Consignee (name, address, country)

TURKEY BANK XXX

16 Porteador (nombre, domicilio, país) / Transporteur (nom, adresse, pays) / Carrier (name, address, country)

3 Lugar de entrega de la mercancía (lugar, país) / Lieu prévu pour la livraison de la marchandise (lieu, pays) / Place of delivery of the goods (place, country)

ALUMINIUM TURKEY - IND. AREA
ISTANBUL, NR 355, ISTANBUL TURKEY

17 Porteadores sucesivos (nombre, domicilio, país) / Transporteurs successifs (nom, adresse, pays) / Successive carriers (name, address, country)

4 Lugar y fecha de carga de la mercancía (lugar, país, fecha) / Lieu et date de la prise en charge de la marchandise (lieu, pays, date) / Place and date of taking over the goods (place, country, date)

ALUMINIUM ESPAÑA - MADRID
2/10/2017

18 Reservas y observaciones del porteador / Réserves et observations du transporteur / Carrier's reservation and observations

5 Documentos anexos / Documents annexes / Documents attached

8 Marcas y números / Marques et numéros / Marks and Nos	**7** N° de bultos / N° des colis / N. of pack	**8** Clase de embalaje / Mode d'emballage / Method of packing	**9** Naturaleza de la mercancía / Nature de la marchandise / Nature of the goods	**10** N° mínd. / N° stat. / Statt. it.	**11** Peso bruto, kg. / Poids brut, kg. / Gross weight in kg.	**12** Volumen m³ / Cubage m³ / Volume in m³
	1		ALUMINIUM PARTS CATALOGUE REF XXX AS PROFORMA INVOICE NR XXX DATED ON 30/06/2017 (INCOTERMS 2010 EX WORKS MADRID)		GROSS 3,450 kg NET 3,200 kg	

13 Instrucciones del remitente / Instructions de l'expéditeur / Sender's instructions

• NOTIFY PARTY = ALUMINIUM TURKEY. IND. AREA ISTANBUL NR 355, ISTANBUL TURKEY.
• PAYABLE AT DESTINATION
• TRUCK PLATE NR. = HNC 2222

19 Estipulaciones particulares / Conventions particulières / Special agreements

14 Firma de pago / Prescriptions d'affranchissement / Instructions as to payment for carriage

☐ Porte pagado / Franco / Carriage paid
☐ Porte debido / Non franco / Carriage forward

20

A pagar por: / To be paid by:	Remitente / Vendeur	Moneda / Currency	Consignatario / Consignee
Precio del transporte: / Carriage charges: / Deducciones: / Deductions:			
Líquido / Balance Suplementos: / Stipplém. charges: Gastos accesorios: / Other charges:			
TOTAL			

15 Reembolso / Remboursement / Cash on delivery

21 Formalizado en / Établie à / Established in   MADRID   a le on   2/10/2017

22

FIRMA + SELLO DE EXPORTADOR

Firma y sello del remitente / Signature et timbre de l'expéditeur

23

Firma y sello del transportista / Signature et timbre du transporteur

24 Recibo de la mercancía / Marchandise libre reçues / Goods received.

Lugar / Lieu / Place   a le on   19

Firma y sello del consignatario / Signature et timbre du destinataire

Certificado ATR

CERTIFICADO DE CIRCULACIÓN DE MERCANCÍAS

1. Exportador (nombre y apellidos, dirección completa, país)

Nombre, Apellidos, Dirección completa y país del exportador.

A.TR. N.º GA 0101442

2. Documento de transporte (indicación facultativa)
N.º Nº Documento de Transporte   de

3. Destinatario (nombre y apellidos, dirección completa, país)(indicación facultativa)

Nombre, Apellidos, Dirección Completa y país del destinatario.

4.

ASOCIACION
entre la
COMUNIDAD ECONÓMICA EUROPEA
y
TURQUÍA

5. Estado de exportación

España

6. Estado de destino (¹)

Turquía

(¹) Indíquese un Estado miembro o Turquía

7. Datos relativos al transporte (indicación facultativa)

Medio de Transporte en el que se realiza la exportación: camión / barco/ avión / tren...

8. Observaciones

Observaciones que crean importantes o relevantes para la exportación.

9. N.º de Orden

Al detallar la mercancía en la casilla 10, hay que numerar los productos, introduciendo el número de orden en esta casilla (9)

10. Marcas, numeración, número y naturaleza de los bultos (para las mercancías a granel indíquese, según el caso, el nombre del barco, el número del vagón o del camión); designación de las mercancías.

Descripción detallada de la mercancía, indicando marcas, numeración, número y naturaleza de los bultos, así como la designación de las mercancías con al menos el nivel de partida (4 dígitos).

Cuando esta casilla no sea suficiente para incluir las precisiones necesarias que permitan su identificación (sobre todo en grandes envíos) el exportador podrá especificar las mercancías a las que se refiere el certificado en las facturas adjuntas correspondientes a las mismas, o en cualquier otro documento comercial, siempre que:
- Indique los números de las facturas en esta casilla (8) y en la casilla 10.
- Las facturas y/o documentos vayan adjuntos al certificado antes de su presentación en la aduana o autoridad pertinente.
- La autoridad aduanera o la autoridad gubernamental competente haya sellado las facturas.

11. Peso bruto (kg) u otra medida (hl. m³, etc.)

Masa bruta del total de bultos medidos en kg, litros, metros cúbicos...

12. VISADO DE LA ADUANA

Declaración certificada conforme

Documento de exportación (¹)

Modelo .... n.º Nº DUA de Exportación
de
Aduana Nombre de la Aduana de Salida
Estado de expedición. Pais donde se expide

En .... a ....

(²) Consígnese sólo cuando lo exija el Estado de exportación

(Firma)
Firma

13. DECLARACION DEL EXPORTADOR

El abajo firmante declara que las mercancías anteriormente designadas reúnen las condiciones requeridas para la obtención del presente certificado.

Fecha, firma y sello

En .... a ....

(Firma)

Certificado de origen

<table>
<tr><td colspan="2">

1. Expedidor, Expéditeur, Consignor المرسل 发货人
ALUMINIUM ESPAÑA POL IND VILLA, PARCELA 10
MADRID SPAIN
TEL: 0034 911010101- FAX 0034 911010102

</td><td>

N.º

</td><td>

ORIGINAL

</td></tr>
<tr><td colspan="2" rowspan="2">

2. Destinatario, Destinataire, Consignee المرسل اليه 收货人

ALUMINIUM TURKEY
INDUSTRIAL AREA ISTAMBUL, NR 355
ISTANBUL TURKEY
TEL 0090 10000000001
FAX 0090 10000000002

</td><td colspan="2">

COMUNIDAD EUROPEA
COMMUNAUTE EUROPEENNE EUROPEAN COMMUNITY
المجموعة الاقتصادية الاوروبية
欧 洲 共 同 体
CERTIFICADO DE ORIGEN
CERTIFICAT D'ORIGINE CERTIFICATE OF ORIGIN
شهادة المنشا 原产地证明

</td></tr>
<tr><td colspan="2">

3. País de origen, Pays d'origine, Country of origin بلد المنشا 原产国

SPAIN-ESPAÑA

</td></tr>
<tr><td colspan="2">

4. Informaciones relativas al transporte (Mención facultativa)
Informations relatives au transport (Mention facultative)
Transport details (Optional) مرسلة بواسطة 运输情况

</td><td colspan="2">

5. Observaciones, Remarques, Remarks ملاحطات 注备

</td></tr>
<tr><td colspan="3">

6. Nº de orden, marcas, numeración, número y naturaleza de los bultos, designación de las mercancías
Nº d'ordre, marques, numeros, nombre et nature des colis, désignation des marchandises
Item number, marks, number and kind of packages, description of goods
مواصفات البضاعة : رقم التسلسل ،العلامة ،رقم الطرود ،عدد وطبيعة الطرود
序号；商标；号码；包装件数量和性质；商品种类；

</td><td>

7. Cantidad
Quantité
Quantity الكمية 数量

</td></tr>
<tr><td colspan="3">

ALUMINIUM PARTS CATALOGUE REFERENCES XXXX AS PROFORMA
INVOICE NR XXX DATED ON 30/06/2017(INCOTERMS 2010 EXWORKS
MADRID)

ORIGIN OF GOODS SHIPPED: SPAIN

</td><td>

1

</td></tr>
<tr><td colspan="4">

8. La autoridad que suscribe certifica que las mercancías designadas son originarias del país que figura en la casilla nº. 3
L'autorité soussignée certifie que les marchandises designées ci-dessus sont originaires du pays figurant dans la case nº 3
The undersigned authority certifies that the goods described above originate in the country shown in box 3
تشهد السلطة الموقعة أدناه أن البضائع المذكورة أعلاه مصدرها البلاد المذكورة في الخقل رقم ٣
签发该证当局证实上述商品原产于第3栏内所注明的国家

Lugar y fecha de expedición, nombre, firma y sello de la autoridad competente
Lieu et date de délivrance, désignation, signature et cachet de l'autorité compétente
Place and date of issue, name, signature and stamp of competent authority
مكان ،وتاريخ وتسمية وتوقيع وختم السلطة المختصة 发证地点和日期；发证当局的名称,签字和印章

</td></tr>
</table>

Tras la revisión y corrección de la documentación, los borradores definitivos de todos los documentos emitidos por la empresa exportadora se deben imprimir en papel membretado, con su firma y sello, atendiendo al número de originales y copias requeridos.

Del mismo modo, se ha de verificar que los documentos recibidos desde la empresa transportista y la cámara de comercio estén igualmente firmados, sellados y sean acordes con los borradores finales que se hayan presentado.

El paquete documental se debe remitir al banco antes de la fecha de presentación de los documentos (catorce días tras el embarque), con la **solicitud de un RECIBÍ sobre la documentación presentada en fecha.**

El banco dispondrá de cinco días para revisar la documentación y, a partir de entonces, deberá aprobar el cobro según sea a la vista o diferido a una fecha determinada. Si existieran discrepancias, habría que:

- Determinar si son salvables para modificar urgentemente la documentación y volver a presentarla.

- En el caso de que fuesen insalvables, se debe gestionar la aceptación de la discrepancia con la empresa importadora.

Glosario

Medios de pago internacionales

Son aquellos instrumentos admitidos en la práctica internacional para liquidar las obligaciones contraídas en una operación de compraventa de bienes o de servicios.

Crédito documentario

El crédito documentario es un acuerdo irrevocable por el que el banco emisor asume un compromiso en firme ante una presentación de documentos conforme (honrar el crédito).

Irrevocabilidad del crédito

Solo se puede cancelar o modificar mediante el consentimiento de todos los intervinientes.

Sujetos de un crédito

- **Ordenante**
  - La empresa importadora o compradora de la mercancía.
  - Quien da las instrucciones al banco.
  - Está obligada a pagar al finalizar la operación de compraventa.

- **Beneficiario**
  - La empresa exportadora.
  - Para cobrar el crédito, deberá cumplir con su con-
    dicionado.

- **Banco emisor**
  - La entidad financiera que abre el crédito.
  - Actúa en nombre del ordenante.
  - Asume un compromiso de pago frente al benefi-
    ciario a través del banco intermediario

- **Banco intermediario**
  - Banco del país importador al que recurre el banco
    emisor para comunicar el crédito a la empresa ex-
    portadora y que según el compromiso que adquie-
    ra será banco avisador o confirmador.

- **Banco avisador** *(notificador)*
  Sólo se responsabiliza de:
  - Autentificar la clave o firmas del banco emisor.
  - Comunicar el crédito y sus características al be-
    neficiario.
  - Suele recibir los documentos.

- **Banco confirmador**
  - Suele ser el avisador que a solicitud del emisor o
    petición de la empresa exportadora se comprome-
    te ante el beneficiario a pagar, aceptar o negociar

si el banco emisor no paga y se cumplen los requisitos del crédito.

- **Banco reembolsador**
  No es habitual que sea distinto del emisor, salvo si:
  - La moneda del crédito no cotiza en ambos países.
  - El banco emisor e intermediario no mantengan cuenta.

Honrar un crédito por parte del banco emisor

- Si es pagadero en sus cajas:
  - Pagar a la vista (si es disponible en dicha forma).
  - Contraer compromiso de pago diferido y pagar al vencimiento.
  - Aceptar una letra de cambio librada por el beneficiario y pagar al vencimiento.

- Si es pagadero en las cajas del banco designado:
  - Pagar a la vista o diferido si este banco no lo hace.
  - Aceptar una letra librada por el beneficiario, si no lo hiciese el banco designado, y pagar al vencimiento.
  - Negociar (si no lo hiciese el banco designado) anticipando fondos o acordando anticiparlos antes del día de reembolso.

Presentación conforme

Presentación de la documentación de acuerdo con los términos y condiciones del crédito, con las disposiciones aplicables de las Reglas y usos uniformes relativas a los créditos documentarios (UCP 600) y con la práctica bancaria internacional.

Negociación

Compra por el banco designado de giros (librados sobre un banco distinto del banco designado) o documentos al amparo de una presentación conforme, anticipando o acordando anticipar fondos al beneficiario el o antes del día hábil bancario en que el banco designado deba ser reembolsado.

Conclusiones

Muchas gracias por haber llegado hasta el último punto de la guía sin haber tirado la toalla. Esperamos que la inquietud que despierta la aparición de un nuevo crédito documentario sobre vuestra mesa se mitigue porque habéis descubierto que no estáis solos en vuestro viaje. Somos muchas las personas que exportamos a muy diferentes países, algunos aún hoy complicados, y superamos con éxito cada reto.

Nosotras seguimos respetando cada crédito que nos llega, porque sabemos lo que ponemos en juego y el valor que tiene nuestro trabajo. El rigor y una buena organización os llevarán a la creación de documentos perfectos. Documentos sin discrepancias que os ayudarán a conseguir cobrar de forma segura, a sobrevivir al crédito documentario.

Notas biográficas

Cristina Peña Andrés es Ingeniero Superior Industrial por la Universidad Politécnica de Madrid y **Amelia de Andrés Leal** es licenciada en Filología Hispánica por la Universidad Autónoma de Madrid. Han creado esta guía tras sus más de diez años dedicados a la exportación y el comercio internacional.

El día a día de la actividad internacional, compartida durante años por ambas en el mismo departamento de una multinacional con ventas en todos los continentes, les ha infundido el deseo de querer divulgar sus experiencias, principalmente en la gestión de los créditos documentarios, con aquellas personas que se dedican a esta actividad y que navegan por el apasionante mundo del comercio más allá de las fronteras. Este deseo, junto con su pasión por la escritura y sus experiencias editoriales previas, son el origen de esta guía.

Agradecimientos

Esta guía no habría visto la luz si el grupo **COX GOMYL** no nos hubiese dado la oportunidad de conocernos y de colaborar juntas dentro del mismo Departamento Internacional. Gracias a la potenciación del trabajo en equipo y al desarrollo de las habilidades humanas de cada trabajador dentro de esta compañía multinacional, hemos convertido en pasión algunas de nuestras tareas habituales. Porque, la globalidad, el respeto a las individualidades y el clima cooperativo, valores de esta empresa promovidos por nuestro CEO, Tony Combe, nos han ayudado a ver tal cantidad de casuísticas distintas de procesos de exportación que, en lugar de desanimarnos, nos han ayudado a especializarnos en una rama tan complicada e importante del proceso internacional como es el pago vía crédito documentario. Las experiencias, tanto previas a nivel individual como, a lo largo de los últimos años, conviviendo juntas en el mismo departamento, nos han facilitado un contenido importante de conocimiento técnico muy aderezado de anécdotas enriquecedoras.

Un compañero de viaje, importante para nosotras, ha sido Ángel Luis Sierra Freire, con quien hemos compartido emoción por cobros, presiones, condicionados y clausulados imposibles.

Un cordial recuerdo para aquellos compañeros de COX GOMYL que nos han ayudado en nuestro día a día; para aquellos transitarios y transportistas que han ido de nuestra mano superando cada obstáculo; y finalmente, para los expertos en comercio exterior de los bancos con los que trabajamos, los cuales nos han asesorado y ayudado en las revisiones, allanándonos el camino, empatizando con nosotras en esta difícil tarea.

Nos gustaría firmemente agradecer a José Manuel Orejón el estar al mando de la organización donde hemos podido desarrollar este proyecto, bajo la dirección del cual hemos podido cumplir con éxito con la operativa internacional que nos ha sido encomendada.

Por último, agradecer a la fundación ICIL por promover la formación logística y en comercio exterior, por pujar por el conocimiento como fuente de éxito profesional y en especial a César del Castillo por dar un empujón moral al proyecto, animando a concluirlo.

Colección: Gestiona
Director: David Soler

Crédito documentario. Guía para el éxito en su gestión
1.ª y 2.ª edición, 2015
© 2015, Cristina Peña Andrés, Amelia de Andrés Leal
© 2015, incluido el diseño de la cubierta, ICG Marge, SL

Edita: Marge Books
Avda. Alcalde Moix, 28 - 08207 Sabadell (Barcelona)
Tel. 931 429 486 - marge@margebooks.com
www.margebooks.com

Gestión editorial: Hèctor Soler
Colaboración editorial: Mariana González, Mónica Vega
Compaginación: Mercedes Lara
Impresión: Bookprint Digital, SA (L'Hospitalet de Llobregat, Barcelona)

ISBN: 978-84-16171-07-1
Depósito Legal: B-25441-2015